JN438135

가장 아름다운

時間

야천 김 대 식 詩人 세 번째 시집

도서출판 청옥문학사

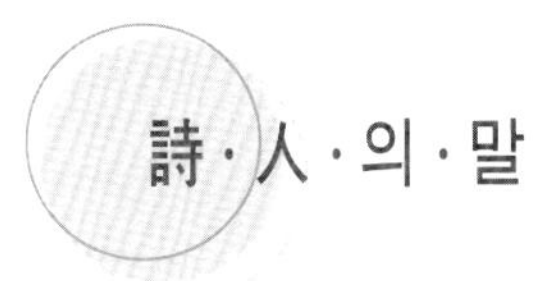

詩·人·의·말

수평선을 바라보는 겨울바다
해운대 바다의 영혼, 맑은 가락 파도 소리는
음악으로 하얀 파도 위에 詩를 새기며
어렵게 세 번째 시집을 펴내게 되어서
하나님께 감사를 드립니다.
여섯 해가 부질없이 세월 따라 가고
그간 틈틈이 시상의 영감이 떠오를 때 마다
졸작품을 정리하는 마음으로
세 번째 시집을 내기까지 상재上梓하게 되었습니다.

나의 신앙심은 항상 나를 배반하고 어깃장을 놓습니다.
詩는 나를 창조하기 때문에
제3시집을 내려는 가장 아름다운 시간을 상재하며
세심한 마음으로 편집에서부터 출판에 이르기까지
청록 최경식 시인님께 진심으로 감사드리며
그간 저의 시집에 성원을 보내주신 모든 분들에게
감사를 드리며 외면 당하지 않도록
앞으로 더욱 고삐를 조여나아 갈 것을 기원합니다.

2011년 3월 15일 새 봄빛이 마음에 내릴 때

야천 김 대 식 씀

C·O·N·T·E·N·T·S

제 1 부 네 영혼아 하나님을 기뻐하라

제 2 부 가장 아름다운 시간

C·O·N·T·E·N·T·S

제 3 부 눈 속에 남아있는 어머니

제 4 부 고향이 그리운 나그네

C·O·N·T·E·N·T·S

제 5 부 ▌ 혼자서 별빛 국화꽃을 보며

제 6 부 ▮ 수필

네 영혼아 하나님을 기뻐하라

나의 그림자

들락날락하는 작은 그림자 하나
때로는 얼마나 쓸모 있는지
발꿈치부터 머리끝까지 나를 닮아있는 그 모습

그림자는 제 멋대로 가지가지
때로는 고무공처럼 껑충 치솟아 커지다가
때로는 너무 낮아져
그의 몸뚱이가 아예 없어져버린다
네 그림자는 나를 오히려 바보로 만들어 버리고
내 곁에 너무 바싹 붙어있어 겁쟁이로만 보이네

아침 일찍 해 뜨기 전
풀잎 이슬 내린 걸 보았더니
나의 게으른 그림자는 잠꾸러기처럼

집안에 남아서 정신없이 잠만 자고
달님이 놀자고 보채고 있는데
네 그림자는 나만 따라 나니고 있네.

하루밖에 살 수 없다면

하루밖에 살 수 없다고
가정해 보며 눈을 뜰 때

어제의 오늘은
또 하루의 삶 속으로
피로한 몸으로 잠자리에 들면
또 다른 내일의 삶으로

그 언젠가 잠들어 깨어나지 못해 죽게 되면
당신 위해 투정부리지 않으리오

오늘 단 하루밖에 살 수 없다면
당신에게 부드럽게 속삭일 것입니다
아무리 힘겨운 일이 있어도
결코 불평하지 않을 거라고

그리고 당신을 사랑하렵니다
아무도 미워하지 않고
하나같이 사랑할 것입니다

오직 당신만을 위해
그리움은 가슴 깊이 묻어두고
당신의 등 뒤에서
마냥 울고만 있을 것입니다.

당신의 마음

험한 세상 다리를 건너
그대를 위한 꿈은 이루어지리라

땅거미가 지고 고통의 밤이 오면
당신의 눈동자에 눈물을 닦아주고
당신 곁에 있으리라

고난이 몰아쳐
찾는 친구도 없을 때
거센 물결 위를 건너는 다리가 되어
난 그대에게 희생하리라

당신의 눈동자 눈물이 고일 때
마음에 수건으로 그대 얼굴 닦아
그대 향수가 내 가슴에 스며 올 때까지.

거가대교

소설 속에 임당수 같은
푸른 바다 거가대교
그 모습 보고 놀라다

우리 민족 힘이요 자랑이라
해저 십리 길은 용궁으로 가는 길
부산에 자랑이요

멋진 조국의 힘이라
푸른 바다 위에 대교
해풍에 갈매기 때들도 구경하러 오네

밤하늘 별빛 반사로
거가대교 네온사인 불빛도
겨울 설경처럼
내 영혼도 혼미해진다.

돈이 뭐기에

돈이 무엇이기에 삶을 이토록 팍팍하게 하나
돈 돈 돈이 천지에 널렸다
하지만 세상은 돈을 찾아 미친 듯 돌고 돈다

사람 나고 돈 났지 돈 나고 사람 났느냐는 말처럼
돈 때문에 몸을 팔고 돈 때문에
사람을 사망 길에 내 쫓는다

돈을 위해 멀쩡한 법을 고쳐 세상을 바꾸려 하고
돈으로 인해 전직 대통령은 비극의 죽음을 맞았다
옛말에 돈만 있으면 개도 멍첨지라고 했다

돈만 있으면 개도 관직에 오른다는 말
조선시대 돈으로 매품팔이 산다는 옛말
흥부이야기에 돈이 주는 교훈이다

돈은 모순적이요 욕망의 대상이요
피해야 할 함정이다
흥망과 쇠락의 동력이요
타락의 원천이다
돈이 뭐기에 사람 마음을 이토록 슬프게 하나.

밤에 더 빛나는 광안리

광안리의 밤은 낮보다 아름답다
밤의 노래가 가장 잘 어울리는 이곳
가장 눈에 띄는 광안대교

바닷가에 서서 파도소리 따라
해변을 걸으며 시상을 떠올린다

백사장 모래를 밟으며 산책을 즐기고
갈매기 떼 넘나들고
많은 인파들과 마주치는
별빛 총총한 밤바다 파도 소리

해변가 벤치에 걸터앉아
밤하늘에 은하수를 바라보며
북두칠성 별 헤아려보는 이 밤

백사장 곳곳에 흘러나오는 통기타 소리
파도 소리에 장단 맞추어
젊은 남녀 외치는 락*의 묘미에 빠져
아름다운 선율 선물로 남겨주었어.

*락 : rock 음악

바람과 갈대

호수같이 잔잔한 강가 외로운 갈대숲에
철새들의 마지막 인사로 갈무리하고

낙엽지고 바람 차니 마음은 더욱 슬퍼
온 산하에 단풍은 서리 맞고

기러기 떼 줄을 서서 비상하는
낙동강 하구언 을숙도

한가롭게 노닐며 높은 곳에 올라
갈대를 바라보며 바람을 마신다.

네 영혼아 하나님을 기뻐하라

내 영혼아 새 노래로 우리 하나님께
아름다운 목소리 찬양하라
바이올린 줄에 향내 나게 대금과 비파로

아버지께 즐겁게 노래하라
내 소원이 만족할 때 까지
나는 온 땅과 바다와 세계가 다 즐거움에 외친다

하늘은 기뻐하고
당신의 자녀들에게
영광을 돌려 드린다

내 영혼아 주의 행사 형통하라
무더위 속에 여름 장맛비는
주 하나님 선물이라.

새벽

배꽃이 핀 뒤안길
소쩍새 슬피 울고

뒷뜰에 초승달
그림자도 슬피우네

임을 꿈에서
만나보고 싶어 잠은 오지 않고

창살에 달빛 걸리니
떠나간 임 더욱 보고 싶어

창가에 기대어
하얀 밤을 지새우네.

배운 것이 없지만

배운 것 없어
돌아다니며 살지만

매화꽃 핀 창가에
그림자를 사랑하네

사람들은
이내 심정 알지 못하고
떠가는 구름만 가리키며
비웃고 있네.

가을단풍

내가 자라던 옛 고향
가을 석양빛 산천 곳곳
어느 화가가 그림을 그렸나

들판에 황금 길 거닐 때
천국의 환상을 마음으로 그리고
우리네 인생
저 코스모스 꽃처럼 아름답게 피우고

가을 오색 단풍 길손은
산마루 나뭇가지에 걸려
솔바람이 귓전을 스치고

어머니 좋아하신 샘물 자연에 묻혀
온 가족 정이든 나의 집은 어디로 갔나
낙엽 떨어지는 소리 단풍잎 한 장
손에 들고 가을 향수에 젖어
이 가을도 나와 함께 같이 가려나

부모님 가신 세월
가을환상에 오색 단풍잎이 옷 갈아입을 때
금방 오실 것 같은 부모님을 생각하며
엎드려 흐느끼는 이 자식
머리털도 희었소이다.

굽이굽이 휘돌아 자란 소나무

무슨 곡절이 그리도 많은지
서로를 휘감으며 꼬였다
꼭 껴안고 있는 데선
어떤 간절함이 엿보인다

가운데 줄기에서
굵은 가지가 뻗어 나왔는데
어떤 가지는
줄기를 한 바퀴를 넘게

빙글빙글 돌며 방향을 틀었고
어떤 가지는 몇 바퀴를
뱅글뱅글 돈 뒤 수평으로 뻗었다

다른 가지를 꼭 품은 채
배배꼬인 가지도
꼬임이나 비틀림이 기기묘묘하다

하늘로 곧장 뻗지 못하고
굽이굽이 휘돌아 자란 것엔

필시 이유가 있었을 터
척박한 땅에 뿌리를 내린 탓에

비틀 비틀 굽으며
자랄 수밖에 없다는 건 알지만
자꾸만 이 소나무에서 핍진하게
하루 하루를 버텨가는 우리 국민들의
생활 모습 환경처럼 아른거린다

하늘로 오르기 전
땅에 몸을 칭칭 감고 엎드려 있는 용쯤 될까?
이름을 알고 다시 보니
거대한 구렁이 한 마리가 하늘 높은 곳으로

한달음에 차고 오르기 위해
바짝 몸을 사린 듯한 모습이다
소나무 껍질이 구렁이 비늘처럼 보이고
꿈틀대는 가지가 동물의 근육처럼 보인다.

보름달

투박해서 더 따뜻했던 어머니 손처럼
한가위 달빛이
덩그러니 내 가슴에 부풀어 올라

고향집 눈에 선연히 들어와
고향길로 향하는 발걸음 조급합니다

달이 차고 기울기를 되풀이하듯
가고 오고 만나고 헤어지는
고향길은 언제나 지워지지 않는
애잔한 그리움으로 남아

설빔 새 옷에 한가위 음식 먹으며
옛 덕담을 나누고
들판에 여물어 가는 곡식들
풍요로움과 고향의 정이 넘쳐나

손으로 빚은 추석 송편은 반달 모양
모두가 행복한 한가위
솔 향내 푸르게 배인 송편을 그릇에 담아

보름달 찾아들고 함께 나누는 한가위
이웃과 동네에 떡을 돌리시던
어머니 마음 같은 보름달.

담배

구름처럼 하얀 담배 연기
식 연초*라 했나
식사 끝나자 네 담배

즐거운 술 한 잔
안주 대신 담배 한 모금

신묘년辛卯年 목표
금연해야지
벽에 붉은 글로 써서 부치고
한눈에 담배 또 한눈에 벽에

그래서 오늘도 시간이 가고
올해 들어 며칠이 지나갔다
끊을 수 없는 사랑처럼 끈질기게
유혹하는 담배 맛

정다운 친구 같은 담배
사람들은 오늘도
서로 담배 연기 한 모금씩 피워서 나누고

입맛을 다신다
나는 애인 같은 담배와 결국 해어져야 하나 .

*식 연초 : 식사 후 바로 피는 담배

깊어가는 가을

창 열면 하얀 무서리가 겨울을 재촉하고
뜰 앞의 한 아름 국화꽃은 져버리고
가을 하늘 철새들 북녘을 날아간다

고향 집 마음으로 그리며
핏빛 같은 단풍잎 꽃등 불빛 달고
단풍잎 여름 태양에 검은 얼굴 숨기고

가을밤 구름 속에 달빛
오실님 길을 밝혀 주네

바람결에 달도 가고 별도 저만치 멀어지고
산골짝 깊은 자연
그림 동화 같은 마을
눈을 감고 두 손 모아 기도한다

싸리 울타리 사이에 하얀 서리
벌레 소리에 추억이 살아나는
유년의 고향 생각에 잠기는 가을.

가장 아름다운 시간

가장 아름다운 시간

가장 현명한 시간은
위기를 슬기롭게 극복한 시간

아주 특별한 날은
새로 태어나고 성장을 하고
큰 비전을 세우고 노력하면

매일 매일이 새롭다는 것을 느끼며
헛되이 보낸 오늘은
어제 죽은 자가
그토록 바라던 내일이었듯이

어제와 같은 오늘은 없고
1년 전과 같은 올해도
가장 가치 있는 시간은
목표를 향해서 최선을 다한 시간이고

구름 사이 한줄기 햇살이
땅위에 비칠 때
당신은 떠나지 않는 나의 보배라네.

만추

가을의 끝자락
만추의 시즌
매미들은 내년 여름을 기약하며
뜨거운 작별을 고하고

어느새 울긋불긋 고운 옷으로 갈아입은
너의 모습 신비스러워

들녘에 고추 따다
티 없는 창공을 바라보며
그만 너의 모습에 반해
바닥에 털석 주저앉아 버렸어

날개가 있다면 훨훨 날아올라
뭉게구름 따라 유유히 흘러가는 세월을 잡고
부모 형제 그리며 고향 생각에 잠긴다.

설화 속에 매화

봄이 오지 않아
봄 찾으러 떠납니다
옛 임은 봄을 기다리며
매화를 그려보고 싶습니다

꽁꽁 얼어붙어 추운 동짓날
매화 팔십 한 송이 그려
벽에 붙였습니다

동지 다음날부터 매화
한 송이씩 붉게 칠하여
팔십 한송이 매화가
홍매화紅梅花로 바뀌는 날

경칩과 춘분 사이
3월 홍매화 그림을 벽에서 떼어
창문을 걸어 예쁜 매화가 핀
봄을 맞는 닝민의 메회 풍경.

진실한 사랑이란

당신과 나 사이에는
용광로 같은 뜨거운 불길 타오르며
변함없이 영원토록 사랑할 겁니다

미워하는 마음과 원망하는 마음
눈보라 속에 묻어 버리고

여름 장마 폭풍 뒤의 고요함처럼
고요히 떠오르는 아침 태양처럼
그대와 함께라면
어디라도 동행하겠어요

산에 피는 들꽃처럼 활짝 웃어보아요
그대의 미소는
내 마음에 따뜻하게 피어오릅니다.

구름 같은 내 인생

뜬구름처럼
바람이 부는 대로 물결치는 대로
흘러 흘러가는 덧없는 인생

아! 어디로 가야 하나
갈수록 멀어지는 내 고향
유년의 추억을 그려보며 가슴 적시며

저 멀리 구름 속에 마을
오늘도 가슴 설레는 그리움

나도 모르게 고향 하늘 바라보며
말없이 눈시울 적시며
향수를 달래어봅니다.

옥수수

봄부터 키가 자라
햇살에 속살 감추고
겹겹이 껴입은 옷
팔월 삼복더위에 긴 수염 휘날리고

하늘을 찌르는 옥수수 대
고추잠자리
가지 끝에 앉아 쉬어가길 청하고

농부 손이 너에 옷을 하나 하나 벗겨
하얀 속살에 미소를 짓는다

사람들은 너의 속살에 입을 맞추며
옥수수 한 줄 한 줄마다 가야금 타며
이마에 젖은 땀방울 바람이 닦아주니
너는 그 가락에 맞춰 더덩실 춤을 추는구나.

사랑의 빛

그대 가슴속에 사랑이 있다면
그 사랑은 마음으로

그대가 가슴속에 사랑이 없다면

사랑을 억지로 만들 수도 없고
보여 줄 수도 없는 마음

그대 가슴속에
진정한 사랑이 있다면
사랑은 저절로 그대 가슴에서

참다운 빛이 날 것이고
다른 그대의 가슴에도
아름다운 사랑의 빛이 될 수 있겠지.

고향 이야기

조상 대대로 가풍을 잇는 내 고향
옛사람들이 쓰던 물품 볼 수 있는 곳

때 묻지 않은 사투리의 구수함
어머니가 만들어주시던
모자와 옷이 눈앞에 서성이고

일심으로 자식 걱정
고생을 낙으로 살았던 부모님
고단한 삶 속에 고향의 봄을 찾는다

산 넘고 물 건너
부엉새 울어대던 산골짜기
소쩍새도 장단 맞춰 지저귀며

외양간 워낭 소리 요란하고
시골 사람 시집 장가 갈 때면
가마 타고 재 너머

아들딸 낳고 오손 도손 호롱불 켜고
밤새 떨어진 옷을 지으신 어머님
고향집 몹시도 그리워진다.

장미빛 그리움

정열이 불타는
장미의 계절이 이어지면

산등선 재 너머 하얀 구름 타고
밀려오는 그리움

햇살 속으로
붉게 피어나는 줄장미

담장 밑 붉은 입술에
입맞춤하는
벌과 나비

달콤한 꿀맛은
그리움 짙게 물들고

적막한 시골
조용히 눈을 감고
장밋빛 그리움에 젖어본다.

행복과 불행

힘들 때 손잡아주며
이끌어주는 친구가 있다면
잘 살은 삶이고

그런 친구가 없다면
당신은 불행한 삶이라네

작은 집에 살아도
편히 쉴 공간이 있어 좋다고
생각하는 사람은 행복한 사람이고

작아서 아무것도 할 수 없다고
생각하는 사람은
불행한 사람이라네

듣기 좋은 말만 하는 친구이기보다
단점을 이야기해주는 친구가
진정코 진실한 친구라네.

5월 단오절

들판에 소 치는 아이들
청옥 같은 냇가에 발 담구며
버들피리 만들어 불면서
백옥 같은 누나 얼굴

긴 머리카락 찰랑이며
물결처럼 흔들고

노랑나비 길잡이 해주는
산등선 철쭉꽃은 한들한들

봄바람이 아지랑이처럼
내 고향 강원도 영월 단오절 행사가
마냥 그리워집니다

청송 가지에 매달린 큰 그네 타고 창공을 향해
몸을 날리고 저 먼 산골짜기 임 보일까

윗마을 아랫마을 편을 나누어 황소를 걸고
남자들은 잿벌에 씨름판을 벌리고

우승자는 황소를 가지고
지는 자는 곡차 한 잔 한 잔에 쓴 미소를 짓고
내년을 기약 하네

아!~ 이곳은 진정코 내 고향
살속*이 생기는 오월 단오절
추억을 더듬어 본다.

*살속 : 세상을 살아가는 맛
*쨍볕 : 쨍쨍 내리쬐는 햇볕 (비슷:땡볕)

당신의 그리움

그대가 마시는 찻잔은
무엇으로 채우시나요
마시면 마실수록
시려오는 가슴
무엇으로 채우시나요

채워지면 비우고
비워지면 채우는
당신의 그리움

시린 가슴 깨물어본 적 있나요
커피보다 더 진한 눈물
마셔본 적 있나요

그래도 비울 수 없는 것은
미운 정 고운 정으로
쌓아놓은 마음입니다.

그 사람

하루에도 몇 번씩 생각나는 사람
늘 무엇을 해주고 싶어

항상 물어보고 챙겨 주는 그대
철없는 아이처럼 투정 부리고

해맑은 미소로 환하게 웃기도 하고
때론 쓸쓸하게 슬퍼 보이기도 하는
상처투성이 그 임은

내 상처를 더 감싸주며
걱정해주며 작은 목소리로 달래줍니다

그런 당신 있어 행복합니다.

친구처럼, 연인처럼

늘 혼자라는 생각에
세상이 평탄하지 않지만
당신은 가장 따뜻한 사람으로

마음을 터놓고 이야기할 때
웃는 당신은 너무 순수해서
가장 편안하게 내게로 왔습니다

어두운 곳에 빛을 주는 별처럼
마음에 빛으로
사랑 하나 담아 보았습니다.

봄소식 실은 종이배

산천초목의 눈
봄기운에 저만치 달아나
삼짇날 강남 간 제비 돌아오고

논길 따라 냇물이 흐르면
물결 속 흰 구름 위로
봄 제비 그림자 보이고

철쭉꽃 매화꽃 경쟁하듯
앞을 다투며 약속이라도 한 듯
물안개 꽃 같이 피어오르고

봄소식 종이배에 실어
그리운 임에게 띄우니
바람 따라 종이배는 잘도 간다.

포근한 봄 향기
그리운 임에게
봄소식이나 전해주오.

고향의 밥상

산마루에 석양이 걸려
집집마다 저녁연기는 굴뚝으로 피어나
흰머리 풀고 하늘을 날고

구수한 된장찌개 잡곡 밥상
봄꽃 내음 나는 산나물
시골 입맛으로 돌아오게 하고

그 옛날 어머님의 손맛
구수한 숭늉
태산 같은 밥사발 그리워져

봄철 산나물에
옛 향수가 물신 풍기는 시객詩客
시골 정취는 신선이로구나.

눈 속에 남아있는 어머니

내 사랑 어디에

아침 햇살 커튼 사이로 비치며 창가에
잠든 그대 얼굴 간지럼 태우고 싶은 지

사랑한다고 귓속말하고 싶고
그대 그리움이 내 가슴속 가득
고이게 될 때는 더욱 보고 싶겠지

사랑하는 사람에게 더 잘해주지 못해
눈물이 나네

세월로 당신을 간직하고
시간 속에 눈물로 용서를 빌며

여태껏 느껴보지 못한 사랑을
고이고이 마음에 새기고 살아가리라.

눈 속에 남아있는 어머니

앉으나 서나 자식 걱정
한평생을 다 보내신 어머니

오늘따라 더욱 그리워
그 모습 그려봅니다

비바람 불던 여름 날
눈보라 치던 겨울 날
머리 위에 보따리 너무 무거워

걷기조차 힘들어하시던 어머니
세월이 흐르고 강산이 변해도

이슬 맺힌 눈 속에 남아있는 어머니
이 자식은 오늘도 눈물로 그려봅니다

자식 위해 한평생을 다 바치신 어머니
철없던 어린 시절 돌아보면서
이 자식은 후회합니다

재 넘고 개울 건너는 캄캄한 밤에
등에 지신 삶의 짐이 너무 무거워
하시던 어머니
세월이 흘러 황혼의 세월이 되어도

가슴속에 사무쳐
이 자식은 그리움을
오늘도 눈물로 불러봅니다.

가을 고독

외로움 달래보는
달빛에 걸린 나뭇잎 애처로워

밤하늘에 별빛은
보석처럼 빛나
깊은 가을밤
풀벌레 소리

추억 속에 향수로
얼굴을 붉히고

주홍빛으로
붉게 피어나는 세월 속에
익어가는 석류 빛.

아름다운 설날

정월을 맞는 둥근 해는
소망으로 가득하고
때때옷에 꼬까신 신고
눈길 나들이는 뽀드득대고
설날 아침은
세상 모두 즐겁다

색동저고리에
예쁜 댕기 곱게 매고
깔깔대는 공주님들 모습은
참으로 아름답다

세배 가는 마을 길목에
까치 노랫소리 정겹게 들리고
오고 가는 가족들 모습은
밝기만 하다.

침묵

밤하늘 별님도 침묵에 잠기고
아름다운 달빛만이 은은히 비추는
나의 숨소리 귓전에 울리며
벽시계 바늘 숨을 쉬고 있었지

그리운 옛 추억과 미래가 교차하는
그 중심으로 여행합니다
깊고 깊은 밤 정적을 깨고 현실의
고독을 이기려 몸부림칩니다

아침 해를 보며 또 하루가 탄생하고
서쪽 하늘 붉은 노을을 바라보면서
나의 심장은 정지하듯 해 저무는 노을
넋을 놓고 하염없이 바라봅니다

정적의 적막한 시간 속에 떠날 채비로 서두르고
추억 속에 다정한 지인들
이승의 미련과 연민만이 남아있었지.

둥근달

둥근달은 반달이 되었다가
어느새 초생달이 되었다가
다시 환한 빛으로 돌아올 때는
한 달에 고작 하루 이틀뿐

이랬다저랬다 종잡을 수 없는
임의 마음 닮아있어 어찌할까

내 마음은 땅바닥 깊은 곳
얼키설키 서려있는 대나무 뿌리처럼

여기저기 새로운 죽순처럼
임을 향한 내 마음은 변하지 않아
임이 비추는 달빛 더 쬐이고 싶네.

만남과 이별

구름에 달 가듯 30년 세월
우리들의 만남과 이별은 교차로
음악 속에 전주곡처럼

어린 새가 성장하여 둥지를 떠나듯
철저한 준비는 가혹할 만큼
노력과 훈련이 필요합니다

새로운 용기가 필요하며
익숙한 사회생활로
동료들과의 정다운 이별은
반복의 연속이며

티 없는 창공으로 가시는
임들이시여 행복하소서.

내 안에 욕심이 많아

내 안에 욕심이 많아
때로는 울고 싶을 때가 있다
촛불 아래 어머니 손때가 담긴
성경책 한 절 한 절 읽고 나면

기도하는 마음은 장대비같이
서럽게 울고 싶다
그때 일을 지금 기억하며

낭랑한 당신의 음성
가슴 깊이 울리며
천국에 봄이고 아름다운
꽃피면 그땐 웃으리라.

천년 사랑

세월이 흘러도
사랑하는 마음은 변하지 못하고
종이학은 천 마리 접으면 행운을
준다고 하는데

밤하늘에 빛나는 소중한 별처럼
지상에 소중한 건 꽃보다
바로 당신의 아름다움입니다

다시 태어난다고 해도
그대는 내 사랑으로
영원히 내 가슴에
남아 있는 사랑입니다

노을이 물든 날
붉은 내 가슴에 영원히 남겨놓을
사랑하는 그대입니다.

억새풀 사랑

외로움에 떨고 있는 억새풀
떠도는 넋처럼 가을바람 타고
흔들거리며 높은 하늘을 날고 있구나

어머님 떠나신 뒤 내 가슴에 쌓이는 흙 한 삽
헤어진 이별이건만
쓰라린 내 가슴은 하얀 눈물 꽃으로 피어나

기다림으로 애태우며 하늘 향해
머릿결 날리며 흔들어대는 손짓
남몰래 흘린 눈물
민둥산 백발로 핀 억새풀 사랑.

마음의 산책

새벽녘 산책을 하며
강가에 서서 조약돌 주워들고
물속으로 힘껏 던지는 것으로
하루 일과를 시작했습니다

나는 돌을 던지는 게 아니라
아침마다 교만이나 이기심
하루 동안 쌓인 나의 죄악들을
저 깊은 강물 속으로 던져버리고

하루를 새롭게 시작하는 것이라
늘 부족한 자신을 원망하며
살아가는 사람이었습니다

나는 왜 이럴까?
능력도 없고 욕심만 많고
다른 사람을 배려할 줄도 모르니

이럴 바엔
차라리 인간으로 태어나지 말았으면

더 좋았을 것
그러니 곁에 있던 하나님은

너는 아직 완전하게 만들어진 것이 아니라
지금도 하나님은 나를 만들고
계시는 중이다라고 마음에 들려옵니다

실의에 빠지지도 말고
오늘의 아픔에 좌절하지도 말고
내일은 다시 내일의 태양이 떠오를 테니까
우리 인생은 아직 미완성이라고.

고마운 마음

풀잎에 맺힌 영롱한 이슬은
이른 새벽 나를 깨우고

창가의 커튼 열면 스며오는 눈부신 햇살
내 마음의 창을 활짝 열어 주네

외로운 삶 언저리에 서글픔 내려놓고
눈물 보이지 않으려 살포시 미소짓고

마음속 욕심이 차있다면
실바람에 실어 보내어

집착이 내 마음속에 자라고 있다면
그 뿌리째 모두 버리려 합니다

나약한 나의 마음 사랑의 눈빛으로
감싸준 당신 있기 때문에

행복한 마음으로
고맙다고 말하고 싶습니다.

달빛 아래 홀로 술 마시며

항아리 속의 술을
함께 할 벗 없어 홀로 마셔보네
술잔 들고 창밖 밝은 달과 벗하며

그림자까지 셋이 되었구나

달은 술 마실 줄 모르고
그림자는 나를 따라 움직일 뿐이니
잠시 달과 그림자 벗 삼아
이 봄 가기 전에 즐겨나 보세나

내가 노래하면 달은 내 주위를 돌고
내가 춤추면 그림자도 따라 움직이고
술이 깨었을 때는 함께 즐겼건만
취하고 나니 제각각 흩어지네

그림자와 달빛은
멀리 은하에서 만날 것을
기약하자며 약속했었네.

십자가를 바라보아라

주님이 들려주시는 말씀
이 세상 삶이 힘이 들면
앞을 향해 나아가라
십자가를 바라보아라

어느 곳에 쉼 있을까
울지 않을 거라며 생각했는데
자신의 위선을 버리고

오직 저 높은 곳을 향하여
하늘에 면류관을
바라 봐야 하는 시선
눈의 고통 가슴깊이 회개할 때
안겨야 할 곳은 오직 하나님 품이라네.

고향이 그리운 나그네

세월이

무심한 세월
가까이 있지 못한다고
투정하지 않을래요
편지 자주 보내지 못해도
서러워하지도 않을래요

늘 멀리서 바라만 보아도
아름다운 당신이 계시니까요

비록 만나지는 못해도
우리의 마음은 연결되어 있으니까요

당신의 얼굴이
세월의 무게에 어두워 있어도
우리의 사랑으로
거두어 지기를 소망하며.

그리움의 강

당신과 나는
함께 나누며 기대어 걸어가고
살아간다는 것이 무엇인지

사랑하는 우리의 마음
얼마나 큰 힘인데
당신은 혼자가 아니겠지요

행복의 샘물을 길고
때로는 풍랑을 만날 때
인내라는 마음으로 서로에게 나누어요

이별의 서러움이 있을 때에는
깊은 사랑의 손길로 안아 주고
큰 상실에서 우리는 회복되고
꿈을 가지게 될 거에요

그리움의 강가에 서서
믿음으로 똘똘 뭉쳐
아름다운 낙원*을 만들어요.

*낙원 : 영원한 천국, 좋은 곳

그대의 가을

낭만이 흐르는 가을이 오면
그대와 오솔길을 걷고 싶다

황금빛으로 물들어 가는
들판을 바라보며

녹슨 기찻길 옆으로 끝없이 펼쳐진
해바라기 꽃길을

그대 손 꼬옥 잡고
마냥 걷고 싶어라

걷다가 걷다가
배꽃 아래에 서로 마주보며
그대를 안아주리라

풍성한 가을은
그대를 닮아 있어
헤이즐넛 커피 향
넘치도록 채우고 싶어라.

가을 노래

황금물결 이루는 가을 들판
억새풀 위로 잠자리 떼 노닐며
가을의 노래를 부릅니다

결실의 계절
이른 들녘에는
벼 타작하는 모습

풀벌레 귀뚜라미 울어대는 벌판
오곡백과 영글어가고

색동 옷 갈아입고
임 오실 날만 기다리네

길 따라 마중 오는 오색 단풍
가을 노래를 부르며
귀뚜리 장단 맞추어 노래하며
부지런한 농부 입에 돈타령 노래
게으른 사람은 주머니 한숨 소리

서산 너머 서서히 물들어 가는 가을
하늬바람이 내 마음에 성큼 들어옵니다.

아름다운 김삿갓 마을

하늘은 푸르고
산천은 오색 풍경이라
바람은 산골 굽이굽이 돌며
시 한수 읊조리는 소리

산허리 감고 누운 김삿갓 묘
맑게 흐르는 물줄기 따라
고기떼 춤을 추는 와석강 저편

구름도 흩어졌다 다시 돌아와
풍경화 그려놓은 마을
흐르는 별빛이 노래하는
하늘 아래 작은 마을 자연 속의 공간

백발이 휘날리는 어른들
만들어 놓은 아름다운 자연
길손도 가던 길 멈추고
쉼터가 있는 김삿갓 문화관

감자전 옥수수 막걸리에
옛 향수 달래보는 훈훈한 인정
산골짝 들려오는 새소리
흐르는 물결 꽃바람 날려
밤하늘 별빛마저 아름다운 고향
살기 좋은 영월 땅 김삿갓면이라.

가슴으로 가까운 사람들

멀리 있어도
가슴으로 가까운 사람
우리는 서로 모르는 사이지만
서로를 아끼며 염려해 주는
사랑하는 사이가 되었습니다

행복한 우리가 되었음을 느끼며
사랑을 주고 받는
마주보고 미소 짓는 내 고향 사람들

마음의 여유를 누릴 수 있게 해준 당신들
삶이 허무할 때
서로에게 자극이 되어주는
향기 흐르는 내 마음에 고향입니다

사랑과 그리움과 작별의 아쉬움과
살아온 시간 속에 무디어진 감성을
일깨워 주는 추억들

맑은 샘물 같은 그윽한 향기가 피어나는
우리는 멀리 있어도
가슴으로 가까운 사람들이 사는 그곳은
내 마음에 고향입니다.

기찻길

가을이 오면
당신과 사그락사그락 낙엽 밟으며
하염없이 걷고 싶다

녹슨 기찻길 옆으로 끝없이 펼쳐진
해바라기 꽃길

그대 손 꼬옥 잡고
걷다가 걷다가 힘이 들면
배꽃 아래에서
당신을 포옹하겠오

풍성한 가을을 따서
그대 향기 가득 담아
채워주고 싶소.

호숫가에

호수 속에 달 거울 같고
배, 기슭에 매지 마라
깊은 잠을 청하는 원앙새가 꿈 깰까 두렵다

못가에 버들이 몇 그루 서 있고
샘 위에 오동잎 떨어진다

창 밖에 벌레 소리도 슬픈데
싸늘한 날씨에 이불 속이
엷어 온몸 차가워지네.

당신 도구 되게 하소서

늘 내 성령 안에
살아가라 하신주님!

한치 앞도 볼 수 없는
암흙 속에서

사랑도 자비도 외면한 채로
성령을 거슬린 죄
너그러이 용서하시고

먹물 같은 저의 죄가 희석되어서
가슴속에 불꽃같은
성령의 은혜 베푸사

죄 많은
이 영혼 불쌍히 여기사
주님에
구원의 도구가 되게 하시어

죄 많은
이 육신 하나님께 가는 그날까지
주님의 말씀 전하게 하옵소서.

초가삼간

가을 추수 끝나면
볏짚 엮어 초가지붕 단장한다

헌 볏짚 지붕 밑에
굼벵이 떼 하얗고
발 빠른 동네 닭 무리가
굼벵이 사냥을 한다

초가삼간 방마다
누에 섶이 층층이다
뽕잎 따는 동네 큰 애기들
동백 아가씨 홍얼거리고
하얀 무명 저고리가
뽕잎보다 예뻐 보이네

서산에 해 지고 어둠이 찾아오면
집집마다 마당에 멍석 깔고
뽕잎 늘어놓고 물을 뿌려
풀죽은 산 뽕잎을 되살린다

세월이 흘러서
누에 치던 풍경도 사라지고
온 밭을 뒤덮던 뽕나무는 볼 수 없고

초가삼간은 사라지고
굼벵이는 어디로 갔느냐
세월이 제 아무리 흐른들
내 속에 자리 잡은 옛 풍경은
지울 수가 없어라.

백발

하얗게 서리 내린 머리카락 바라보며
세월의 무상함이 스며들어

계절은 어김없이 다가와
국화 꽃 한 아름 피워내고

처량한 낙엽 소리 가랑비 내려
나의 애간장을 녹이 누나
기러기 떼 날갯짓하며 비상하고

내 고향 하늘에도 쉬었다 가겠지
갈 길 저물어 못 다한 정
다 나누지 못하고
떠나는 옷깃 잡고
정든 벗 다시 잔을 권하네.

고향이 그리운 나그네

휘영청 달 밝은 밤
고향 그리운 나그네는 수심에 어려
마음은 벌써 고향집에 머물러 있어

그리운 고향 나그네는 수심에 차있고
행복한 사람들은 미소 띤
얼굴로 맞이하네
이승의 좋은 시절
인연 만나 함께 나누는데

하늘은 맑고
밝은 거울까지 빌려주니
나도 몰래
시향이 산처럼 돋는구나.

바람과 갈대

낙엽지고 바람이 차가워지니
마음은 더욱 슬프고
갈대숲에 날아든 철새
길 떠날 차비 하네

온 산 단풍
서리 맞아 더욱 붉고
만리 밖 가을 앞세우고
기러기 띄엄띄엄 날아오네

고해의 바다
힘든 세상 견디다
한가로이 노닐다 높은 대에 올랐노라

늙은 농부 시인
시상에 심취함을 어이 알리요
속세를 떠나 한가로운 마음
읊고 또 마시노라.

산마다 나무마다

산마다
나무마다 잎이 지는데
기러기는
남쪽으로 날아가며 우네

서글픈 피리 소리는
어느 곳에서 들려 오는가

고향으로 돌아가고픈 마음
옷깃을 여미고.

장독대가 있던 집

햇빛이 강아지처럼
뒹굴다 가곤 했다
구름이 항아리 속을
기웃거리다 가곤 했다

죽어서도
할머니를 사랑했던 할아버지
지붕 위에 쑥부쟁이로 피어
적막한 정오의 마당을 내려다 보곤 했다

움직이지 않을 것 같으면서도
조금씩 떠나가던 집
저의 옷들을 걷어 입고 떠나가고
오후 세 시를 지나 저녁 여섯 시의 골목 지나

태양이 담벼락에 걸려 있던
햇빛들마저
모두 거두어 가버린 어스름 저녁
그 집은 어디로 갔을까

뒷짐을 지고 할머니가
걸어간 달 속에도 장독대가 있었다

달빛에 그리움들이
발효되어 내려올 때마다

장맛 모두 퍼가고
남은 빈 장독처럼
뭉뭉 내 몸의 적막이 울었다.

혼자서 별빛 국화꽃을 보며

가을밤

비개인 서녘 하늘
가을달빛이 내 마음속에
들어와 비추어주네

정원에 뜬 둥근 달
다락 창에 걸려 대롱거리고

밤새도록 우는 귀뚜라미
처량한 소리

내 가슴에 연민만 키우면서
이 가을밤은 깊어만 가니

그리운
애간장만 타는구나.

농부

새벽 닭 울면 여명을 벗 삼고
밭으로 나가야 하고

해 지면 집으로 돌아와야 하네
가을이 되면 추수가 바빠지는데

단풍놀이 왠 말인가
어젯밤에 내린 비에
한기가 생기네

도시 사람들은
농촌의 생활을 어이 알까
농부의 고된 삶
그대는 힘든 괴로움을
알기나 하리오.

가련한 농가

사대강 국가사업
강변 농가 어디로 가야 하나
국가 땅이라 달라 하니 갈 곳 못 정하고

봄에 한 알의 곡식 심어서
가을에만 알의 곡식 거두네

세상 어디에도 놀고 있는 땅 없건만
농부는 오히려 폐인 되어 굶어 죽는구나

한낮 무더위 속에 김을 매니
땀방울은 벼 아래로 떨어졌어

뉘가 알까 밥상 위의 음식들
한알한알 수많은 수고의 땀이 있는 것을
그마저 한숨으로 흐르는 강만 바라보네.

부질없는 마음

부질없는 세상
덤으로 살아가며
많이 있으면 어떻고 또 없으면 어떤가
가지고 못 가지고도
어차피 마음속에 있거늘

눈 들어 쳐다본 하늘 고개 숙여
밟은 땅 내 것이라고 생각하며
누가 생각조차 뺏을 손가

갖는 것 보다 주는 것이 맘 편하니
모래 잡으면 흘러내릴 걸 주려하는가

밀물과 썰물
구름과 안개 모두 내 것 네 것 따로 없으니
나도 내 것이 아니니 무상함이로다.

꿈을 깨니

간밤에 꿈을 깨니
비바람 소리에 창살이 흔들리고
이 세상도 창살처럼 흔들어대니

어지러운 세상 살기도 힘이 들어
마음 편하게 쉬어가는 삶이
고르지 못하다

그리운 임 기다리며
다정히 대들보에 앉은 제비
어느 날에
내 임이 오는지 물어본다.

혼자서 별빛 국화꽃을 보며

나 홀로 쓸쓸히
살아온 이 몸
남은 것은 병뿐이라네

이생에서 살아온 60년 짧은 삶
살면 얼마나 산다고
가슴 속 맺힌 눈물
옷깃을 적시네

저 멀리 그리운 친구와 함께 했던 추억
무성한 나뭇가지 뚫고
밤하늘의 별을 보며

한잔 술을 담은 투박한 그릇 속
아롱거리는 얼굴 비추어지면
유난히 그리워 애태우는 맘

고향 뜰에 별빛만 반짝거린다
보석보다 찬란한 은하수 바라보며
별 헤아리던 고향의 향수

불어오는 바람결에 묻어오는 그리움
고향 마을의 초가집을 찾아가니
국화꽃은 지고 있었지

까마귀는 나뭇가지에서 울고
기러기는 가을 하늘을 날아가네
세월의 무상함을
곡차 한잔에 시름이나 달래어보자꾸나.

바람같은 인생

인생은 바람 같아서
짧은 청춘이 바람이라고
물으면 난 그렇다고 말하겠소

그 누가 날더러 인생이 흔적이 있느냐고 물으면
무엇이라 하겠소
인생은 잠시 왔다가 흔적 없이
한번 가면 되돌아 올 수 없으니
어찌 바람이라고 말하지 않겠나요

겨울처럼 찬바람이 불어오고
따스한 봄바람에 웃어보니
세월은 벌써 중천에 넘어 가고 있어

바람에 밀려가는 구름처럼
내일이면 또 다른 구름이 밀고오고
무량한 세상 떠가는 것

잘나고 못나고 가릴 수 없이
스쳐가는 바람 앞에 머물지 못하며
세상에 살다가 바람 따라 가는 것

그 어느 날
홀연히 사라지는 생을 두고
무엇이 좋은지 물어 보겠나요
우리의 인생
바람과 같이 스치고
지나가는 것이 아닐까요.

날마다 배우며 살게 하소서

날마다 배우며 살게 하소서
배움을 통해 확실히 깨닫게 하시며
나의 삶을 바로잡게 하시고
늘 새롭게 하시며

나의 삶이
늘 정지된 상태가 아니라
봄날에 돋아나는 새순처럼
푸르고 싱싱하게 잘 자라게 하시고

나의 삶이
늘 틀에 박혀 고정된 상태가 아니라
새로운 변화를 거듭하여 생명력 있는
믿음을 갖게 하소서

배움을 통하여 깨닫게 하시고
나에게 주어진 소중한 기회들을
놓쳐버리는 일이 일어나지 않게 하시며

모르는 것들을 배워 알게 하시고
아는 것들을 삶에 적용시키게 하시며
나의 삶 속에서
날마다 배우며 살게 하소서.

꿈과 송백

한낮 깊은 잠에 달콤한 꿈
깨고 나니 모든 것이 물거품
꿈속에 그 친구는 어느 곳에 있는가
해가 저무니 시름이 더해 가네

송백처럼 변치 않겠다고 맹세하는 날
사랑하는 마음 바다처럼 깊었네

한 번 떠난 임 소식 없으니
깊은 밤 꿈속에서 나 홀로 한숨만 깊어간다.

타향의 가을밤

가을바람 스산하니
초목은 시들어
마지막 잎새만 남기고

이슬은 서리되니
처마 밑의 제비들은
둥지 찾아 길 떠나고
달밤에 기러기는 남쪽 나라 찾아 가는데

나의 나그네 생활에 서글픈 마음
울적해져 고향 그리워
그대는 어찌 타향에 오래 머무는가
형제 사랑 매일 그리워진다

천한 이 몸 쓸쓸히 빈방 지키며
나도 모르게 흐르는 눈물
옷깃을 적시며 밝은 달빛이 환하게
나의 침상에 비추니
나도 모르게 눈물이 이슬처럼 맺혀 흐르네.

당신은 아름다워

그대는 언제나 내 맘속에
그리움으로 자라고
수줍은 농촌 노총각 가슴이 두근거려요

사랑의 마음은
아늑한 바위에 마주 앉아
파란 하늘을 보며
세끼 손가락 걸며 약속했지

너 하나만을 사랑할 거야
나의 마음을 전부 줄게
꿈인지 생신지 잘 모르겠어요

가슴에 간직 했던 사랑
지금 내 앞에 있는 그대
오늘은 유난히 빛나는 눈동자 속에
반짝이며 빛나며 사랑은 쌓이고
내 마음 저 하늘 높이 날고 싶어요.

눈이 내리면

눈이 내리면 떠오르는 시골 풍경
까만 교복 주머니에
손을 넣고 마냥 걸었지

첫눈 올 때면 무작정 우린 만났지
시골길 고향 교회에서
그 하얀 길을 마냥 걸었지

오늘 이 밤도 나의 창가엔
그대의 추억 눈송이 되어
내리고 있어요

눈이 내리면 지울 수 없는
그대와 추억이 눈앞에 아롱거려
이 밤도
나의 창가엔 그대의 추억이
눈송이 되어 내리네

지울 수 없는 그대와 추억
눈앞에 있는 설화 풍경
아름다움에 젖는다.

밤하늘에 별이 삼 형제

달과 구름을 안고
지구촌 30억인 사람들에게
삼 형제 별은 반짝반짝입니다

큰 별은
부모님께 효도를 하고
고향을 벗 삼고 있으며

중간 별은 시인이 되어
고향 땅 김삿갓의 詩를 사랑하며
그분의 귀한 옥고는 전국방방곡곡에
바람 따라 구름 따라 다니며
독자의 마음을 울리는 구나

막내별은
마을 어른 모시고 고향을 가꾸며
20년 동안 좋은 일 슬픈 일
마다하지 않으며

이웃을 사랑과 봉사로 보살펴
산 메아리가 되어
내 고향 6시 프로에 20주년 KBS 방송을
타고 전국에 알려졌다

오늘도 밤하늘에 삼형제 별빛은
세상 구석구석에 고운향기로
쉼 없이 빛난다

왜 그런지 큰 별은
그 빛이 힘이 부족한지 희미해집니다

깊은 산 속 새들도
친구가 되어 같이 노래하고
밤하늘 삼형제 별은
오늘도 뒷동산을 향해
아름다운 별빛을 쏟아 내립니다.

서강 만년을 흐르네

수천 년을 살아온 서강
논 산군 청령포 숲 속에
푸른 하늘 보며
장능* 옆 낙낙 장송 소나무

무엇을 위해 서 있는지
낙화암의 고목 나무들은
비바람에도 우뚝하고

밤마다 물새 우는 소리
그 임을 그리며
구슬픈 사연 펴보지도 못하고서
가버린 임 위해 쏟아지는 비는 폭포처럼

노루목의 김삿갓은
지금은 평안한지
서강은 말없이 흐르는 물결 따라
세월만 먹고 있네.

*장능 : 강원도 영월군에 있는 조선조 6대 단종대왕의 능

수 필 제 6 부

고향의 밥 짓는 소리
동화 같은 마을 모운동募雲洞 *

고향의 밥 짓는 소리

내 어린 시절 석탄 산업이 발전하면서 온 동네가 집채 만한 나무를 잔득해서 쌓아놓고 저녁 무렵 시골 마을은 집집마다 굴뚝에서 밥 짓는 연기에 구수한 가마솥의 밥에 뜸을 드리며 솟아오르는 연기에 정겨움이 가득하다. 꼭 우리 집이 아니더라도 남의 집 굴뚝에서 연기가 피어오르면 곧 따뜻한 저녁을 기대할 그 집 가족을 생각하면 미소가 절로 스며온다. 이렇게 정겹던 시골의 굴뚝이 사라져버려 아련한 그리움으로 남는다.

내 어린 시절에는 주로 나무로 밥을 짓고 아궁이의 남은 불로 난방을 했다. 아침저녁으로 가마솥에 나무를 넣고 불을 피워 밥을 했다. 불을 때고 남은 숯불은 화로에 담는데 참 따뜻하고 그윽한 숯 냄새는 난방 역활도 톡톡히 하지만 건강하게 사는 지혜가 담겨 있는 듯하다. 이 화로에 된장찌개를 끓이거나 데우고 감자나 고구마 그리고 밤을 구워 먹으면 그 맛이 정말 일품이었다.

화로에 대한 추억은 나의 외할머니 방에서 제일 많이 생각나게 한다. 우리 형제들은 겨울이면 할머니 방에 가서 화로에 둘러앉아 감자를 구워먹으며 할머니가 들려주시는 옛날이야기에 빠져들곤 했다. 할머니는 마치 요술쟁이처럼 옛날이야기를 재미있게 목소리까지 바꿔 가며 잘 해주셨다.

어머니는 그을음이 새까맣게 잔뜩 끼어있는 부엌에서 밥을 지으셨다. 가마솥에 밥을 짓고 군불을 지펴 물을 데우셨다. 낙엽을 산에서 주워 다가 바싹 말려 밥솥에 불 피울 때 쓰고 청솔가지는 군불 피울 때 요긴하게 썼다.

어머니의 일은 끝이 없으셨다. 지금도 우리 어머니는 잠시도 쉬려하지 않고 계속 일을 하지만 그 당시에는 쉬고 싶어도 쉴 수가 없을 정도로 새벽부터 밤까지 일 속에 파묻혀 사셨다. 세탁기가 없는 시절이어서 개울가에 나가 온 집안 식구 빨래를 해야 했고 아침 저녁으로 군불을 때며 밥과 음식을 하고 집안의 난방을 책임져야했다.

세상은 많은 발전으로 말미암아 풍요로워진 지금에 와서 생각해보면 상상하기 힘들 정도의 많은 일의 노동량이었다.

청소하는 것은 주로 아버지가 많이 했다. 어머니도 물론 청소를 하지만 우리 아버지는 유별나게 깔끔한 분이셨다. 그냥 집안을 쓸고 닦고만 하시는 것이 아니라 집안 곳곳을 털고 구석구석까지 쓸고 걸레질을 하셨다. 아마 대부분 여자들도 아버지만큼 깔끔하게 청소 못 했을 것 같다.

우리 형제들은 항상 여섯 시에 기상하여 아침운동을 갔다와야 했고 다음은 청소를 일사분란하게 해야했다. 그리고 아버지에게 합격을 받아야 했기에 우리 방을 윤기가 나도록 쓸고 닦았다.

내 평생 잊지 못할 아름다운 추억의 풍경 중에 아버지의 기침소리는 지금도 내 눈에 선연하게 떠오른다. 산 길 따라 아버지와 나는 흙물 누렇게 벤 삽자루를 쥐고 밭을 일구고 아버지 담배 연기에 신기한 생각이 들어 '왜 어른들은 담배를 피우나' 싶었다.

밥 짓는 저녁 연기나 아버지가 피운 담배 연기 이 모두가 지금은 추억속의 한 장면으로 남아있다. 워낙 깔끔하신 아버지는 누가 청소를 해도 눈에 들지는 못하였다. 이제는 다시 돌아갈 수 없는 그 시절이지만 그래도 그 시절이 사뭇 그립기만 하다.

그때의 밥을 짓는 그 굴뚝 연기는 앞만 보고 달리는 도시인들에겐 다소 생소하게 느껴지겠지만 나에겐 고향의 향수로 가끔씩 다가온다.

현재 도시에서 살고 있는 나에게도 잊혀져가는 풍경이기 때문이다. 아침에 동네 굴뚝에서 밥 짓는 연기가 피어오르는 것을 보고 하루를 시작하고 저녁 어스름 속에서 피어오르는 굴뚝의 연기는 얼마나 정감이 가고 아름다운지 지금도 기억에 선연하게 떠오른다. 메 식사 때마다 식사준비를 분주히 하며 밥상을 들고 방문을 열고 들어오시는 어머니 모습이 눈에 선하다.

시골의 밥 짓는 굴뚝 연기는 우리 시대에 부족한 여유와 포근함의 상징이다. 비록 이젠 시골에서도 거의 보기 힘든 풍경이 되었지만 저마다의 마음에 예전의 굴뚝을 하나씩 갖고 하얀 연기를 피어 올려 좀 더 풍요로운 삶을 우리 인생의 도화지에 예쁘게 그려 보았으면 한다.

고향의 푸른 하늘만이 옛날처럼 나를 포근히 감싸주고 60년 세월 뜬 구름 돌아오듯 내가 돌아 왔거늘 외로운 산기슭에 아버지 어머니 무덤에 함초롬히 피어있는 산딸기의 싱그러움이 있고 어디선가 푸른 새 한 마리 목청껏 소리높혀 부르고있다.

지지배배 지지배배

그립습니다. 보고 싶습니다.

아버지! 그리고 어머니!...

동화 같은 마을 募雲洞(모운동) *

깊은 산속에 인구 1만 명이 모여 살던 동네가 있었다.

강원도 영월군 김삿갓면 주문리, 옛 주소는 강원도 영월군 하동면 주문리이다.

흔히 막장인생이라고 부르는 광부들이 모여 살았던 탄광촌 그러나 비온 뒤나 새벽녘의 운무는 이곳을 이제 사람들은 모운募雲동 * 이라고 부른다.

꼬불꼬불한 길을 한참을 올라가다 보니 내려다 보이는 저 동네 구름이 모이는 모운동인가보다. 이렇게 깊은 산속에 그림 같은 마을이 있다니 모운동 * 이름처럼 아름답다.

물감을 쏟은 것 같은 한 폭의 수채화이다. 마을 이곳저곳 여기저기 둘러보아도 사람 사는 마을이라기보다 도화지에 예쁜 크레파스로 그림을 그려 놓은 것 같다.

사실 난 여기서 꽤나 오랫동안 살았는데 사람 구경을 하지 못했다. 저 예쁜 의자와 책상에 앉아 공부할 아이들은 과연 누굴까? 하고 나에게 반문해 본다.

지금 그들은 중년이 훨씬 넘는 나이가 되지 않았을까?

코흘리개 꼬맹이들의 웃음소리, 뭐가 그렇게 우스운 것인지 연신 까르륵까르륵거리며 잠시 웃음소리가 멈추고 낯선 이방인을 멍하니 쳐다보는 시골 꼬맹이들.

개미와 배짱이 같은 벽화는 누가 그렸을까?

모두들 들에 나가 일을 하고 있는 일 삼매에 빠져 있겠지. 개미처럼 열심히 일하고 베짱이도 한명쯤 있을 법 한데…. 근사한 시상을 떠올려 한 편의 서정시를 써야 할 것 같다.

저 예배당 종소리, 땡그렁땡그렁 교인들을 오라고 손짓하고 있다. 조금만 더 있으면 서녘 하늘은 저녁노을로 붉게 물들 텐데, 어둠이 몰려오면 이곳 모운동의 야경은 어떨까? 가로등은 보이질 않는데 아마도 저 집 창문 안은 부엌일 거야. 저 환풍기가 돌아가면 저녁 요리 중이겠지. 저 집 전기 두꺼비 집은 집 바깥으로 나와 있네.

강렬한 저 색깔은 개집인 것 같다. 강아지 집인가? 강아지가 크면 어쩌지. 새 집은 아니고 고양이 집일까?

이곳은 버스 정류장 같은데 버스가 다닐까?

승용차도 간신히 올라오는 꼬불꼬불 꼬부랑 길이다.

마을은 한 폭의 그림처럼 아름답기만 하다.

동화 속에 나오는 그림 같은 집을 상상해보며 지붕과 현관문은 어린 시절 많이 본 적이 있었다.

옛 모습은 아니지만 이곳 모운동 가구 수는 얼마 되지 않는데 십자가가 있는 교회는 서너 개나 된다.

모교는 하늘 아래 펜션이라 불려진다. 예전에는 학교였는데 지금은 개조하여 펜션으로 바뀌었고 예전엔 학생도 1천명이나 넘게 많았다고 한다.

가을 운동회 날이면 광부들과 학생들이 하나가 되어 큰 마당 운동회가 온 마을을 씨끌벅적하게 하였다.

그 때는 1만 명의 주민이 살았다고 하니 1960-70년대 모운동* 탄광촌의 모습은 그 당시 영월~모운 간 버스를 오전 2회 오후 2회 운행한 것으로 추측이 된다.

월급날이면 버스 안은 콩나물시루를 방불케하고 산길 차길은 돌 바위투성이다. 밤이면 고층 아파트가 수많은 가로등으로 보이기도 한다.

날이 새면 벼랑마다 집들이 옹기종기 모여 버스가 처음 오는 날은 온 동네가 시끌벅적하며 하늘에 버스가 나타났다고 하며 야단들이다.

내가 여덟 살 때였다. 그 모습을 보며 신기해 하기도 했다. 망경대 산의 7부 능선에 하늘 위의 마을 안개와 나무의 그늘에 젖어 잿빛 자욱해도 삽만 들면 검은 갈탄이라 만 명이 북적이며 흥청거리며 초등학교는 2교대 수업을 받았다.

사과 궤짝을 찬장 삼아 스텐* 그릇에서 도자기로 하나둘 모아지는 살림 재미가 있고 미닫이 찬장에 풍로에서 간편한 석유곤로, 몸빼 바지에서 때깔 고운 치마로 세탁기와 냉장고를 보너스로 타기까지 삶의 자국이 고스란히 묻어 있다.

탄가루가 들어간 몸속의 기관지를 닦기 위해 돼지껍데기라도 먹어야 한다고 하며 대폿집에 둘러앉아 힘든 노동에 잠시 젊은 광부의 주머니는 소비의 도시로 가며 홍등가의 불빛이 흥청거렸고 극장과 다방이 호황을 누렸으며, 유랑극단도 풀 방구리 쥐 드나들 듯하며 전국 봇짐장수들은 이곳을 찾아왔고 월급날은 큰 장이 열려 배뱅이굿 약장수도 유창하고 거지 품바도 흥겹던 옛터 돈이 휠휠 날고 돌던 곳, 탄이 바닥나면서 돈이 마르고 사람도 썰물처럼 빠져나가 마을은 다 파먹은 검은 상처로 되어도 별표연탄의 옥동광산 아낙네는 폐광의 날에도 이곳에 남았다.

그 후 이십 년 잿빛 채탄의 흔적을 자연은 신비롭게 초록으로 지워내고 덮어 거기에 주민 구슬땀의 결실로 변신 운탄로는 황홀한 레일 코스, 그랜드 캐년이라 자랑하는 깎아지른 벼랑 구불구불 오르면 싸래지* 시골 아낙이 기대와 불안으로 비포장 도로로 들어왔던 길, 옥동광산의 시작점 천연 밀림이 조성되어 풀이 무성한 환상의 길로 사람의 발길이 끊겼던 길은 생태계가 복원되어 숲이 발하는 자연의 소리 비안개 자욱하니 뿌리고 들꿩이 날며 다람쥐도 인적이 그리워 빳빳이 고개 들고 마중 나오고 야생초는 빙그레 웃고 있다.

비안개에 휩싸인 소나무의 위상 몇 구비 돌고 돌아 시원한 물줄기 궁장동골 계곡의 물소리는 나그네의 발길을 붙잡기에 충분하다.

온 동네 골골마다 초록으로 물들이고 남은 광부와 아낙

은 큰 욕심 버리고 버려진 땅을 일구며 농부의 명찰을 달고 이장과 힘을 합쳐 예전의 명성을 찾기에 여념이 없다.

햇수로 이십 년 잿빛 마을의 상처를 동화마을로 포장하기위해 중년여인은 담벼락에 동화를 그리고 노인들은 그림에 파스텔 색을 입혀 개미와 배짱이, 토끼와 거북이, 백설공주와 일곱 난장이, 미운 오리새끼, 낯익은 캐릭터로 그려넣어 촌스럽고 정이 있는 마을을 테마의 마을로 만들었고 복숭아꽃, 살구꽃, 아기 진달래를 심어 꿈을 일구어낸 살기 좋은 마을 내 고향 영월 김삿갓면 모운동* 사계절 마다 하나님이 선물한 아름다운 마을.

이곳이 바로 동화 같은 마을 내고향 모운동募雲洞*이라네….

* 모운동 * 싸래지 * 옥동탄광 : 강원도 영월의 지명
* 스텐 : 스테인리스 스틸

가장 아름다운 시간

야천 김 대 식 詩人 세 번째 시집

인 쇄 일_ 2011년 3월 9일
발 행 일_ 2011년 3월 15일

지 은 이_ 김대식
펴 낸 이_ 최경식
펴 낸 곳_ 도서출판 청옥문학사
디 자 인_ 파미디자인

등록번호_ 제10-11-05호
주　　소_ 부산시 금정구 명서로 94, 101-411
전　　화_ Tel. 051) 525-7965 / 070-8828-0068
F A X_ 051) 529-6068
E-mail _ kyu500@hanmail.net

잘못 만들어진 책은 본사나 서점에서 바꾸어 드립니다.
저자와 협의하여 인지는 생략합니다.

값_ 10,000원

ISBN 978-89-964443-1-2